bajkowa akademia ang

Bajkowa Akademia Angielskiego

1. Czerwony Kapturek
   Little Red Riding Hood

Na podstawie baśni Charles'a Perraulta i braci Grimm
Tekst angielski: Simon Messing
Tłumaczenie: Ewa Palczak
Korekta tekstu polskiego: Horyzont Henryk Sułek
Redaktor prowadzący: Justyna Okólska-Janiak

Ilustracje i projekt graficzny serii: Małgorzata Flis
Skład: Marek Szwarnóg

MkRoom
Marketing for the publishing industry

Ul. Mikołajska 26
31-027 Kraków
www.mkroom.com

ISBN serii: 978-83-61923-24-4
ISBN tomu 1.: 978-83-61923-26-8

Printed in EU

axel springer

Axel Springer Polska Sp. z o.o.
02-672 Warszawa, ul. Domaniewska 52
www.axelspringer.pl

Kolekcję można zamawiać telefonicznie: 022 761 32 14, lub przez internet: www.bajki.literia.pl

bajkowa akademia angielskiego

CZERWONY KAPTUREK

po polsku czyta Anna Dymna

po angielsku czyta Simon Messing

LITTLE RED RIDING HOOD

Tekst angielski Simon Messing
Tłumaczenie Ewa Palczak
Ilustracje Małgorzata Flis

Żyła sobie kiedyś śliczna i grzeczna dziewczynka zwana Czerwonym Kapturkiem. Mieszkała ze swoją mamą w małej wiosce na skraju lasu. Mówiono na nią Czerwony Kapturek, gdyż zawsze zakładała czerwoną pelerynkę z kapturkiem.

Once upon a time, there lived a lovely, kind girl called Little Red Riding Hood. She lived with her mother in a small village next to a forest. She was called Little Red Riding Hood because she always wore a red coat with a hood.

Pewnego dnia dziewczynka i jej mama upiekły razem ciasteczka. Kiedy ciastka były gotowe, mama zwróciła się do dziewczynki: – Kochanie, weź ten koszyk z ciasteczkami i dżemem i zanieś go babci, do jej domku po drugiej stronie lasu.
Czerwony Kapturek ucieszył się bardzo, gdyż bardzo kochał swoją babcię.

One day she baked some cakes with her mother. When the cakes were ready, her mother said "Here my dear, take this basket of cakes and jam to your granny on the other side of the forest." Little Red Riding Hood was very happy because she loved her granny very much.

– Ale pamiętaj – powiedziała mama – idąc przez las, nie zatrzymuj się i bądź bardzo ostrożna! Gajowy mówił, że w lesie grasuje wielki i zły wilk.

– Nie martw się, mamusiu. Będę uważać – powiedział Czerwony Kapturek, wziął koszyk i poszedł do lasu, kierując się w stronę domku babci.

"But remember," her mother said. "When you walk through the forest don't stop and be very careful! The Ranger said there is a big bad wolf. "

"Don't worry, Mummy. I'll be careful," said Little Red Riding Hood, and she took the basket and walked into the forest towards her granny's house.

Czerwony Kapturek poszedł dalej, aż spotkał drwala i jego żonę.

– Dzień dobry – powiedziała grzecznie dziewczynka.

– Witaj, Czerwony Kapturku – rzekła żona drwala – dokąd idziesz?

– Do domku babci, niosę jej te ciasteczka – odpowiedział Czerwony Kapturek.

– Uważaj więc – powiedział drwal – i nie zatrzymuj się po drodze. W lesie jest wielki, zły wilk.

Little Red Riding Hood walked on, and she saw the Woodcutter and his wife. “Hello,” she said politely.

“Hello, Little Red Riding Hood,” said the Woodcutter’s wife. ”Where are you going?”

“To my granny’s house to take her these cakes,” she replied.

“Then go carefully,” said the Woodcutter. “And don’t stop on the way. There is a big bad wolf in the forest.”

Czerwony Kapturek szedł coraz głębiej w las, co chwilę zatrzymując się, żeby nazrywać dla babci jeszcze więcej kwiatków. Nagle usłyszał niski i groźny głos:

– Dokąd idziesz, dziewczynko?

Little Red Riding Hood went deeper into the forest, stopping from time to time to pick some more flowers for her granny. Suddenly she heard a deep and scary voice. "Where are you going little girl?"

Czerwony Kapturek odwrócił się i ujrzał wielkiego wilka, który przypatrywał się mu zza drzewa. Dziewczynka była bardzo grzeczna, więc odpowiedziała wilkowi:

– Idę do babci, żeby zanieść jej te ciasteczka – powiedziała.

– To miło z twojej strony. A gdzie ona mieszka? – zapytał wygłodzony wilk.

Little Red Riding Hood saw a big wolf looking at her from behind a tree.

"I'm going to see my granny to take her these cakes," she said.

"That's nice. And where does she live?" asked the hungry wolf.

– Babcia mieszka w małym drewnianym domku, po drugiej stronie lasu. – powiedział Czerwony Kapturek. – A teraz już muszę iść, bo nie chcę się spóźnić.
Wilk obserwował oddalającą się ścieżką dziewczynkę, a kiedy zniknęła, zaśmiał się: – Cha! cha! cha! Mam świetny pomysł na pyszną kolacyjkę dziś wieczorem!

"She lives in the little wooden house on the other side of the forest," said Little Red Riding Hood. "And now I must go because I don't want to be late." The wolf watched her go along the path, then laughed, "Ho ho ho, I have a good idea how to have a nice dinner tonight!"

Wilk szybko przebiegł przez gęstwinę lasu, docierając do małego drewnianego domku, i zapukał do drzwi.

– Kto tam?

The wolf then ran very quickly through the trees to the little wooden house and knocked on the door.

"Who's there?"

Wilk związał babcię i zamknął ją w szafie. Potem założył sobie jej okulary do czytania oraz nocną koszulę i wsunął się do łóżka. W tym momencie rozległo się pukanie do drzwi.

The wolf tied the granny up and put her in the wardrobe. Then he put on her reading glasses and nightgown and got into bed. Just then, there was a knock at the door.

– Kto tam? – zapytał wilk.

– To ja, Czerwony Kapturek.

– Wejdź, skarbie – odrzekł wilk.

– Drzwi są otwarte.

"Who's there?" asked the wolf.

"It's me, Little Red Riding Hood"

"Come in sweetheart," said the wolf. "The door is open."

Czerwony Kapturek otworzył drzwi i wszedł do środka.

– Och, babciu, jakie masz wielkie ramiona! – powiedziała dziewczynka.

– To po to, żeby cię mocniej przytulić, kochanie! – odparł wilk.

Little Red Riding Hood opened the door and went in.

"Oh Granny, what big arms you have!" she said.

"All the better to hug you with, my dear!" said the wolf.

– Babciu, jakie ty masz wielkie oczy!
– Żeby cię lepiej widzieć, kochanie!
– Babciu, jakie ty masz wielkie uszy!
– Żeby cię lepiej słyszeć, kochanie!
– Babciu, jakie ty masz wielkie zęby!

"And Granny, what big eyes you have!"
"All the better to see you with, my dear!"
"And Granny, what big ears you have!"
"All the better to hear you with, my dear!"
"And Granny, what big teeth you have!"

Szukali wszędzie, aż w końcu Czerwony Kapturek usłyszał dźwięki dochodzące z szafy. Kiedy ją otworzył, ujrzeli babcię całą i zdrową.

They looked everywhere until finally Little Red Riding Hood heard a noise coming from the wardrobe. She opened it and they saw her granny safe and well.

– Dziękuję, o jak bardzo panu dziękuję za pomoc, panie Gajowy – powiedziała babcia. – Proszę zostać z nami na podwieczorek.
– Babciu, popatrz, mama i ja upiekłyśmy dla ciebie ciasteczka! – powiedział Czerwony Kapturek, otwierając koszyk.
– O, jak miło z waszej strony, kochanie! – odpowiedziała babcia.
Kiedy zasiedli razem do podwieczorku, Czerwony Kapturek obiecał, że już zawsze będzie słuchać mamy i nigdy nie zatrzyma się w lesie, idąc do domku babci.

"Thank you oh thank you for your help, Ranger," she said.
"Please stay for tea with us."
"And look Granny, Mother and I baked some cakes for you!" said Little Red Riding Hood, opening the basket.
"Oh you are kind, my dear!" she replied.
And when they all sat down to eat, Little Red Riding Hood promised she would always listen to her mother and never stop in the woods on the way to her granny's house.

A wilk, wciąż w okularach i babcinej nocnej koszuli, długo jeszcze uciekał przez las, i od tamtej pory nikt go nie widział.

KONIEC

And the wolf ran and ran through the forest still wearing granny's glasses and nightgown, never to be seen again.

THE END

bajkowa akademia angielskiego

W kolekcji ukażą się:

1.	CZERWONY KAPTUREK	09.09.2009
2.	KOT W BUTACH	23.09.2009
3.	SMOK WAWELSKI	07.10.2009
4.	KRÓLEWNA ŚNIEŻKA I SIEDMIU KRASNOLUDKÓW	21.10.2009
5.	TRZY ŚWINKI	04.11.2009
6.	TOMCIO PALUSZEK	18.11.2009
7.	ZŁOTOWŁOSA I TRZY MISIE	02.12.2009
8.	KOPCIUSZEK	16.12.2009
9.	STOLICZKU, NAKRYJ SIĘ!	30.12.2009
10.	ZŁOTA KACZKA	13.01.2010
11.	PINOKIO	27.01.2010
12.	DWA KRÓLIKI	10.02.2010
13.	JAŚ I MAŁGOSIA	24.02.2010
14.	BRZYDKIE KACZĄTKO	10.03.2010
15.	GRAJEK Z HAMELIN	24.03.2010
16.	CALINECZKA	07.04.2010
17.	SZKLANA GÓRA	21.04.2010
18.	KURKA ZŁOTOPIÓRKA	05.05.2010
19.	MLECZARKA	19.05.2010
20.	ALIBABA I CZTERDZIESTU ROZBÓJNIKÓW	02.06.2010

Szukaj w kioskach lub zamów prenumeratę!

Tylko w prenumeracie

- 4 z 20 tomów GRATIS!
- Dostaniesz wszystkie tomy prosto do domu
- Nie płacisz za wysyłkę (koszty pokrywa wydawca)
- Otrzymasz PREZENT GWARANTOWANY - bajkę-niespodziankę, której nie kupisz w kiosku!

Zamów już dziś!

Telefonicznie: 022 761 32 14, czynny pon.-pt. w godz. 8-16,
Przez internet: www.bajki.literia.pl
Mail: kolekcje.axel@infor.pl
SMS o treści: BAJA na numer 518 18 18 18. Oddzwonimy do Ciebie. Koszt SMS-a uzależniony od taryfy operatora.